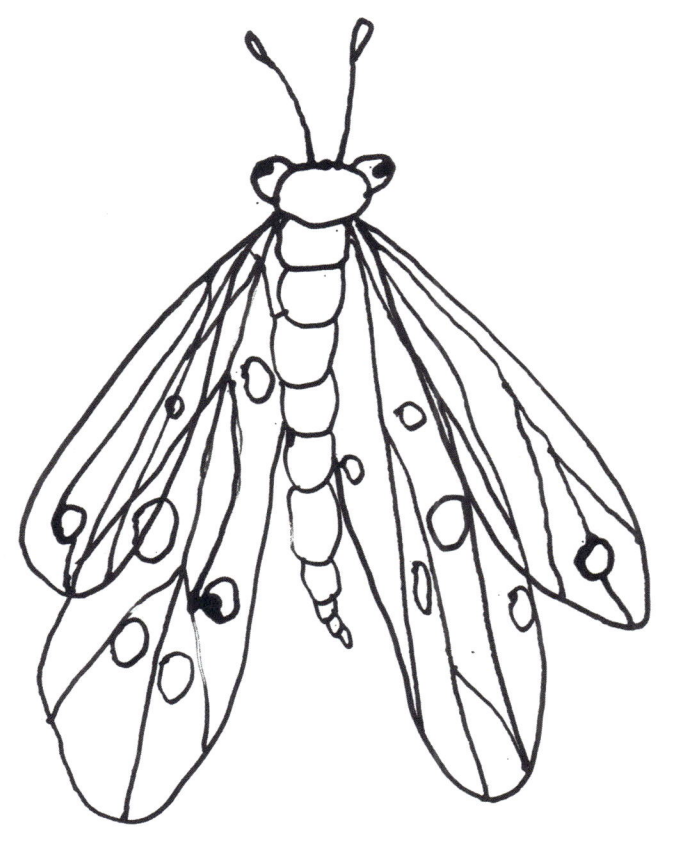

FLATTER-
LINGE

MALEN UND ZEICHNEN
MIT

1.

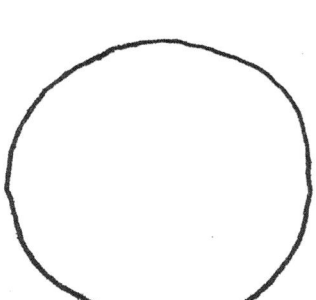

2.

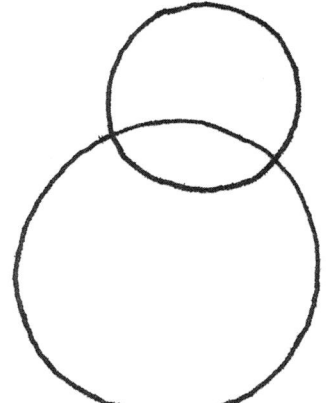

3.

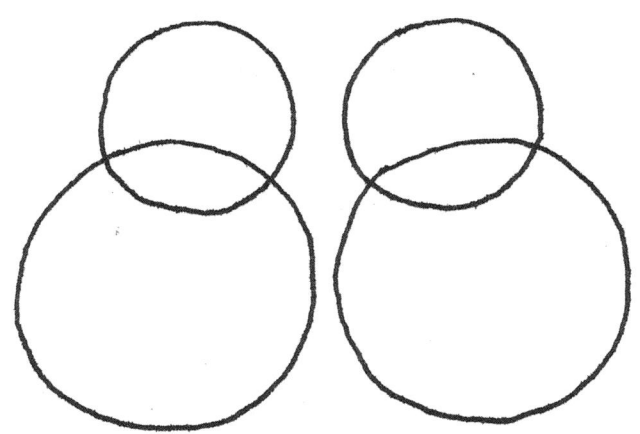

4.

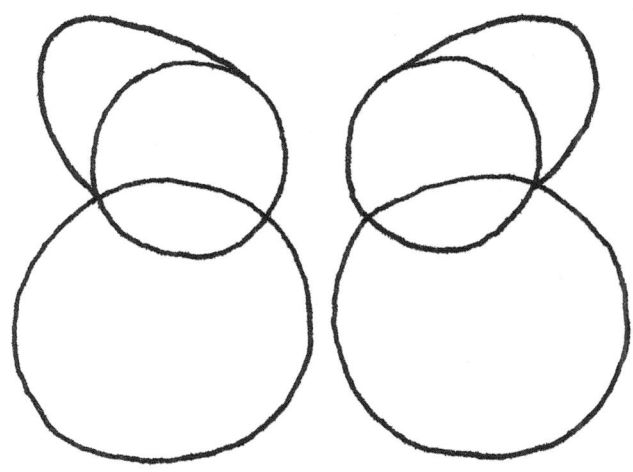

5.

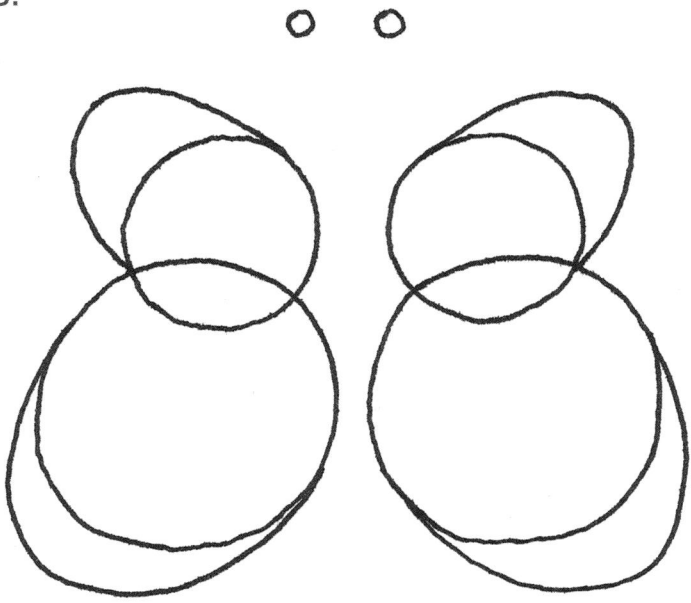

6.

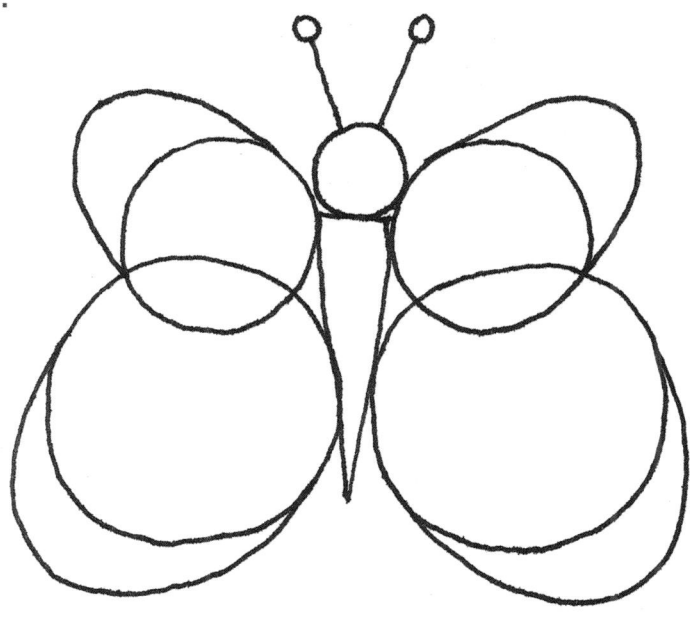

Mach meinen Garten schön.

Zeichne weiter und mal uns aus.

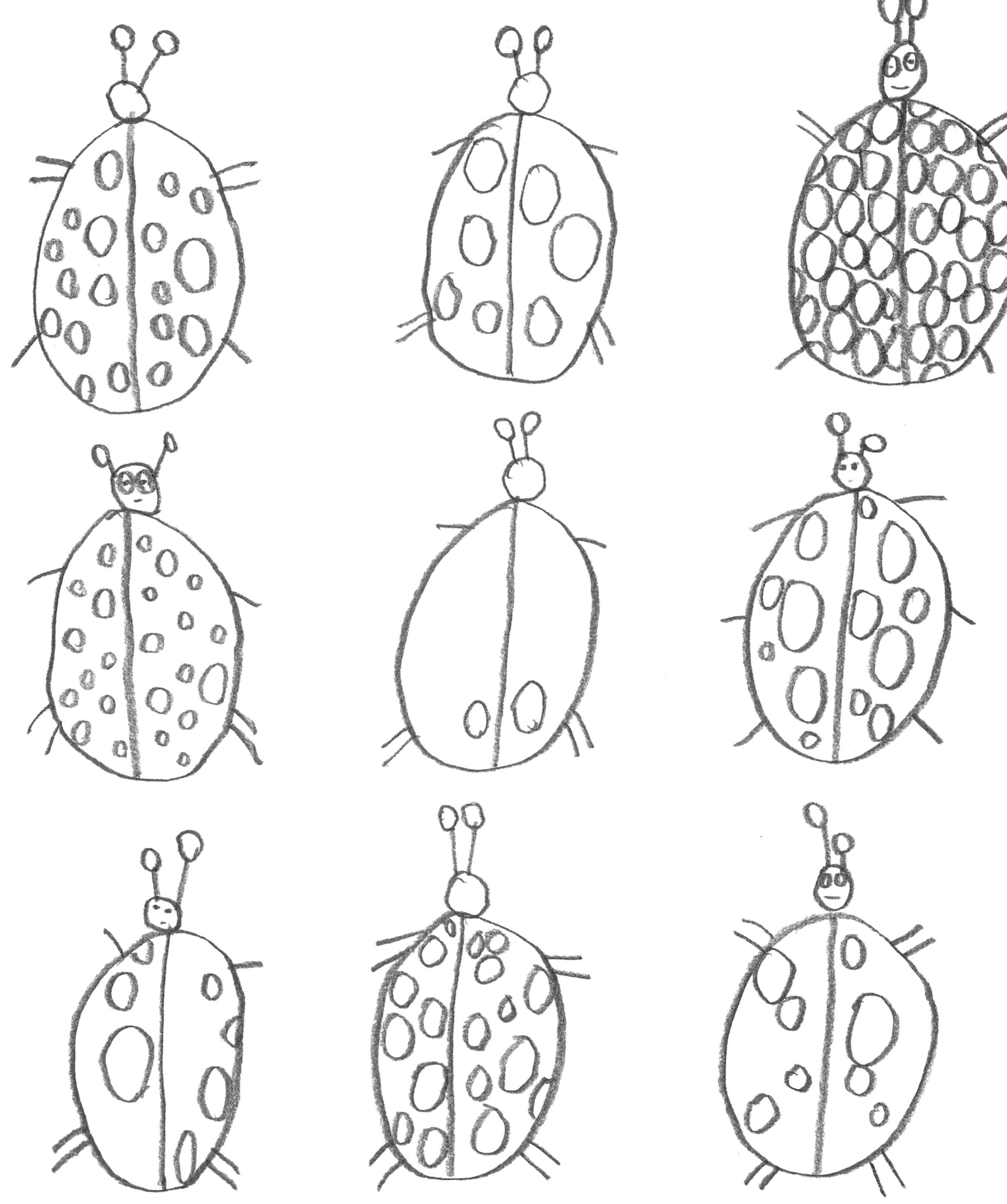

Uns auch!

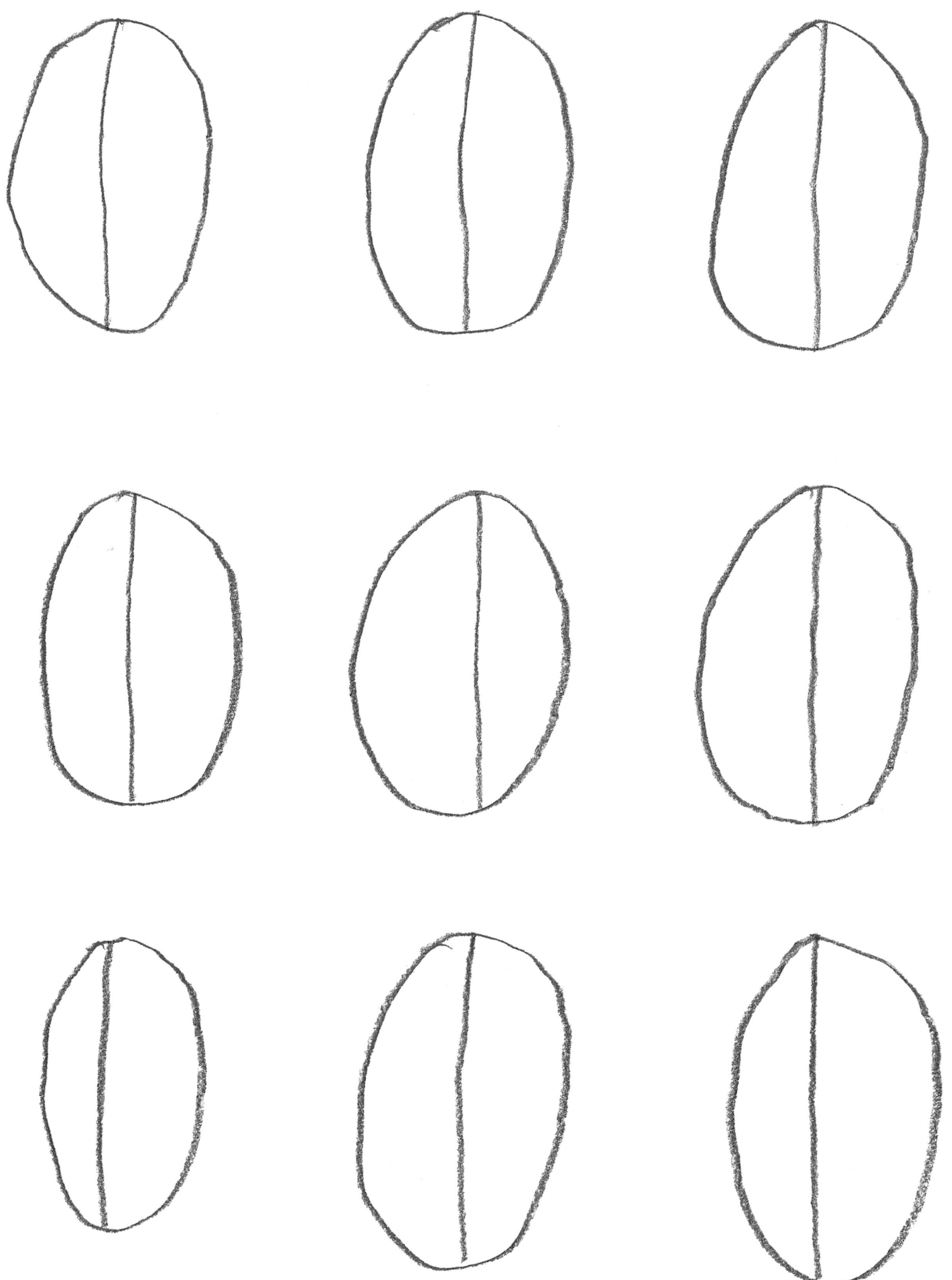

Mal mich aus. (Mit Farbe oder Stiften)

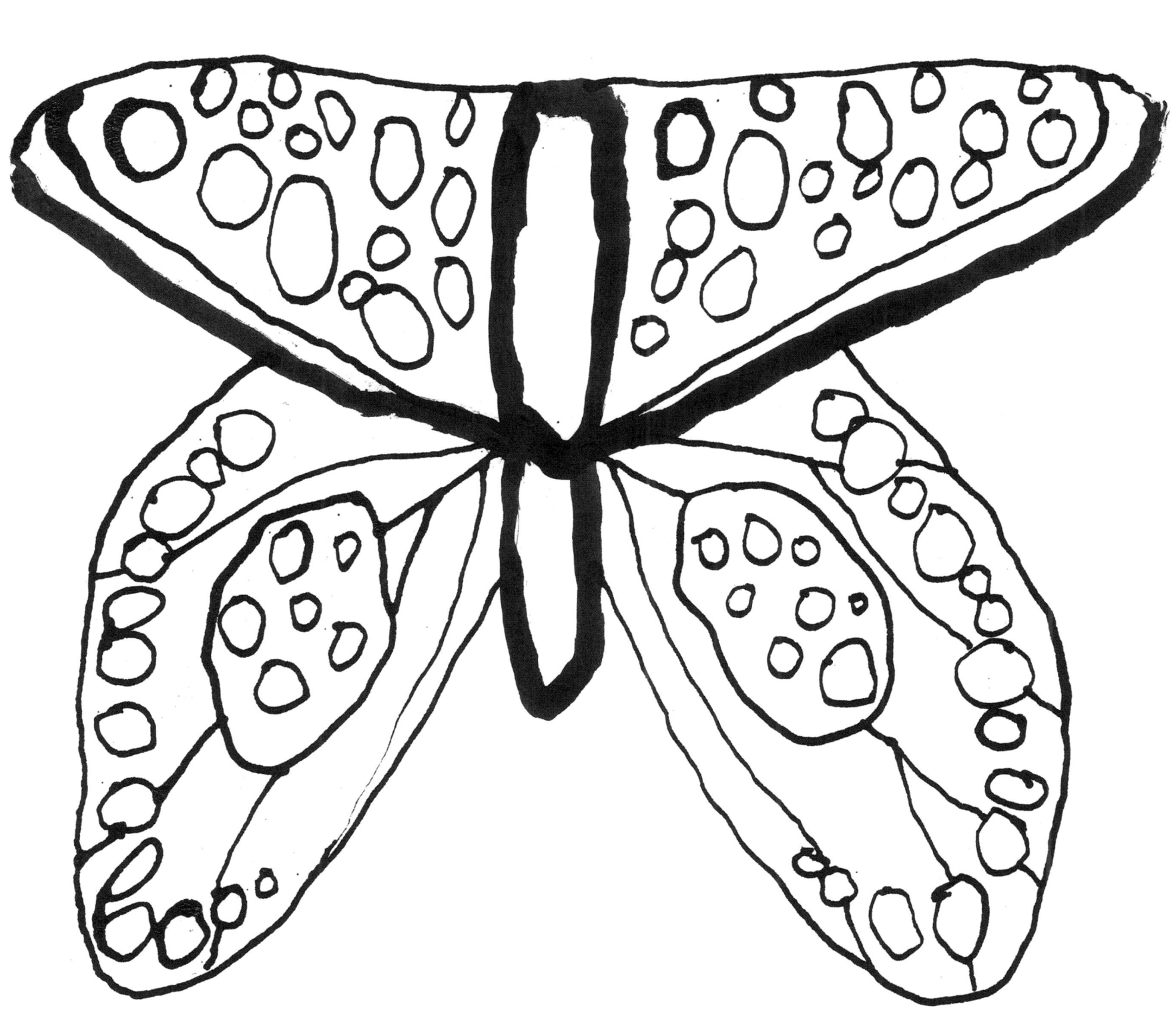

grün

grüner

am grünsten

Finde uns.

Gib mir Flügel.

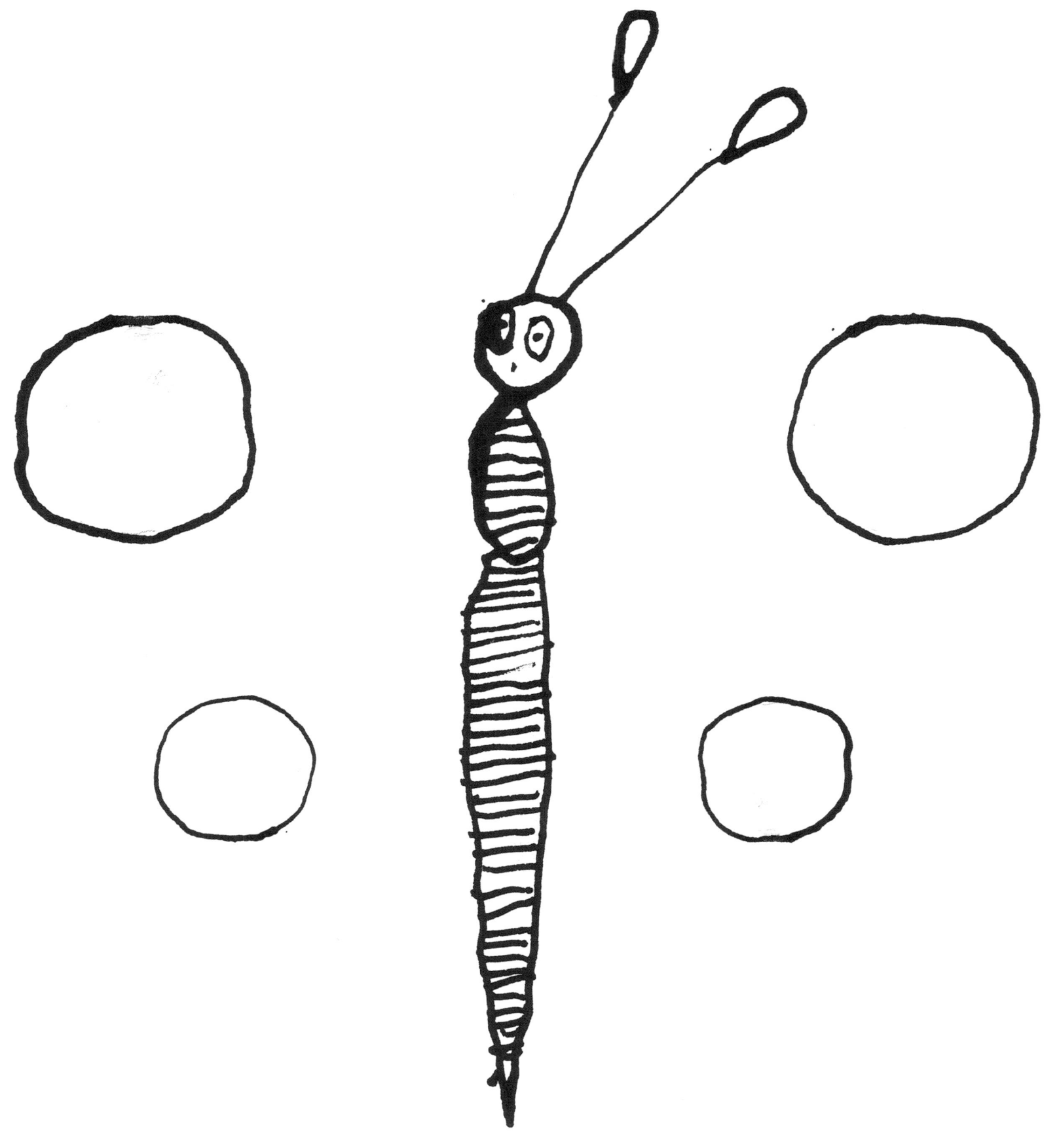

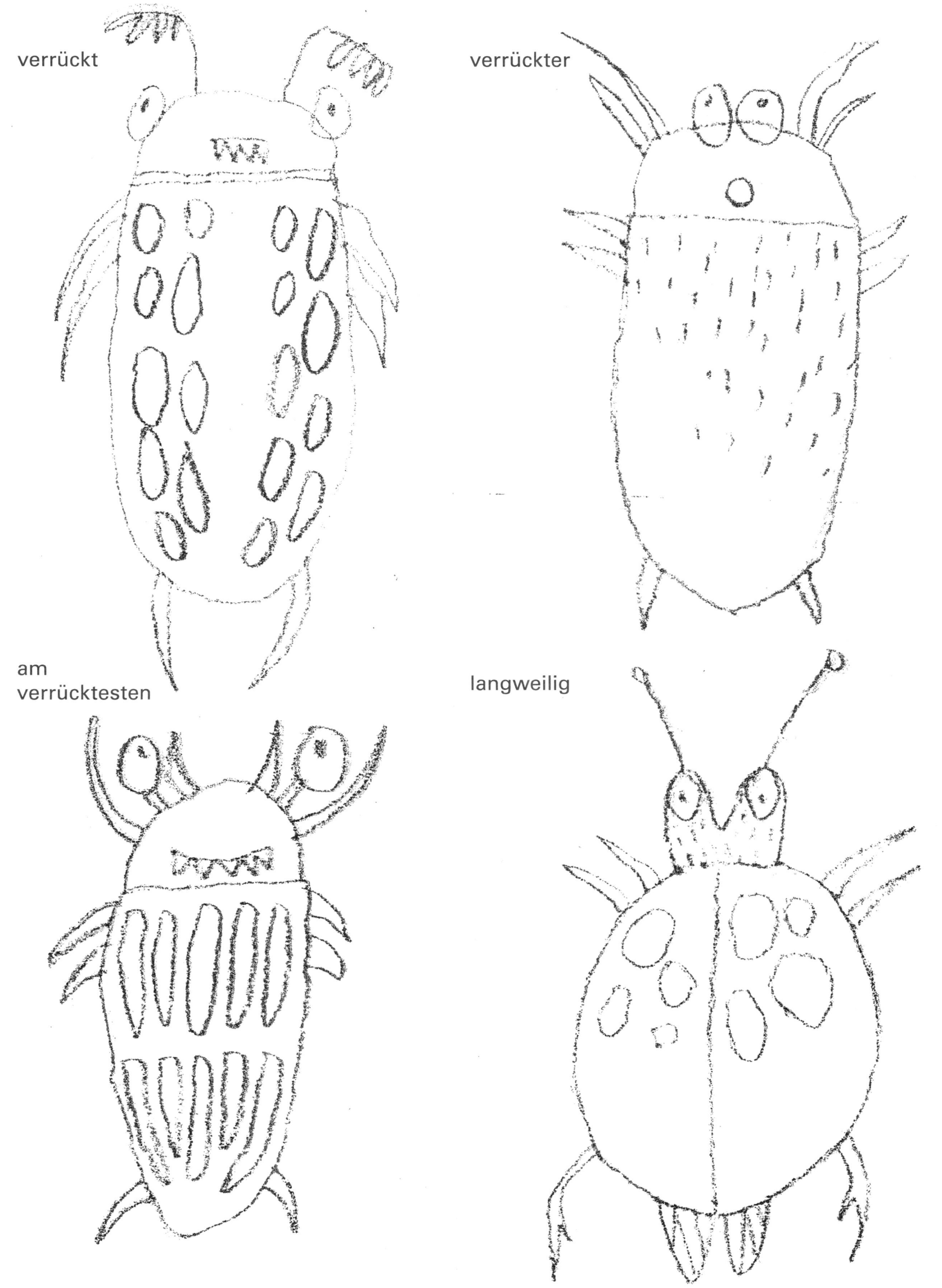

Mal mich weiter.

Mich auch!

Und uns auch!

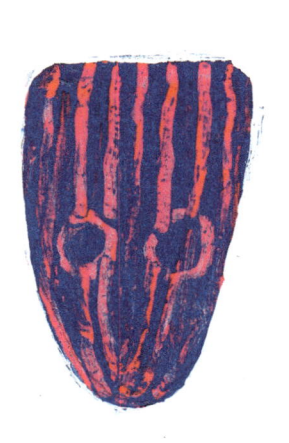
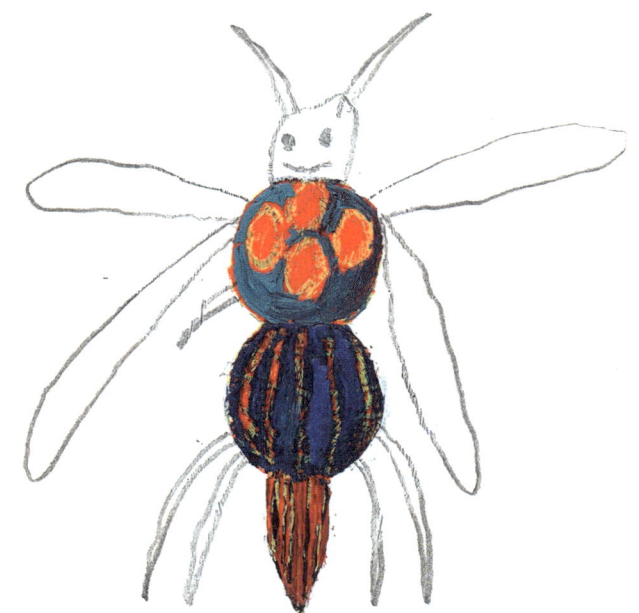

Erfinde!

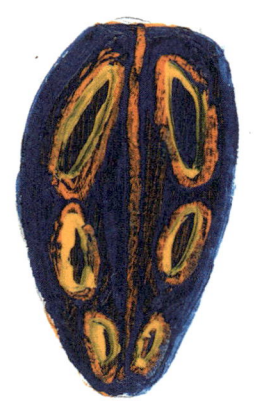

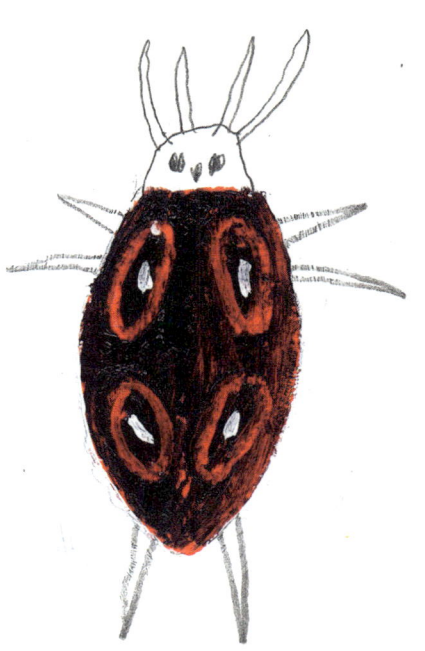

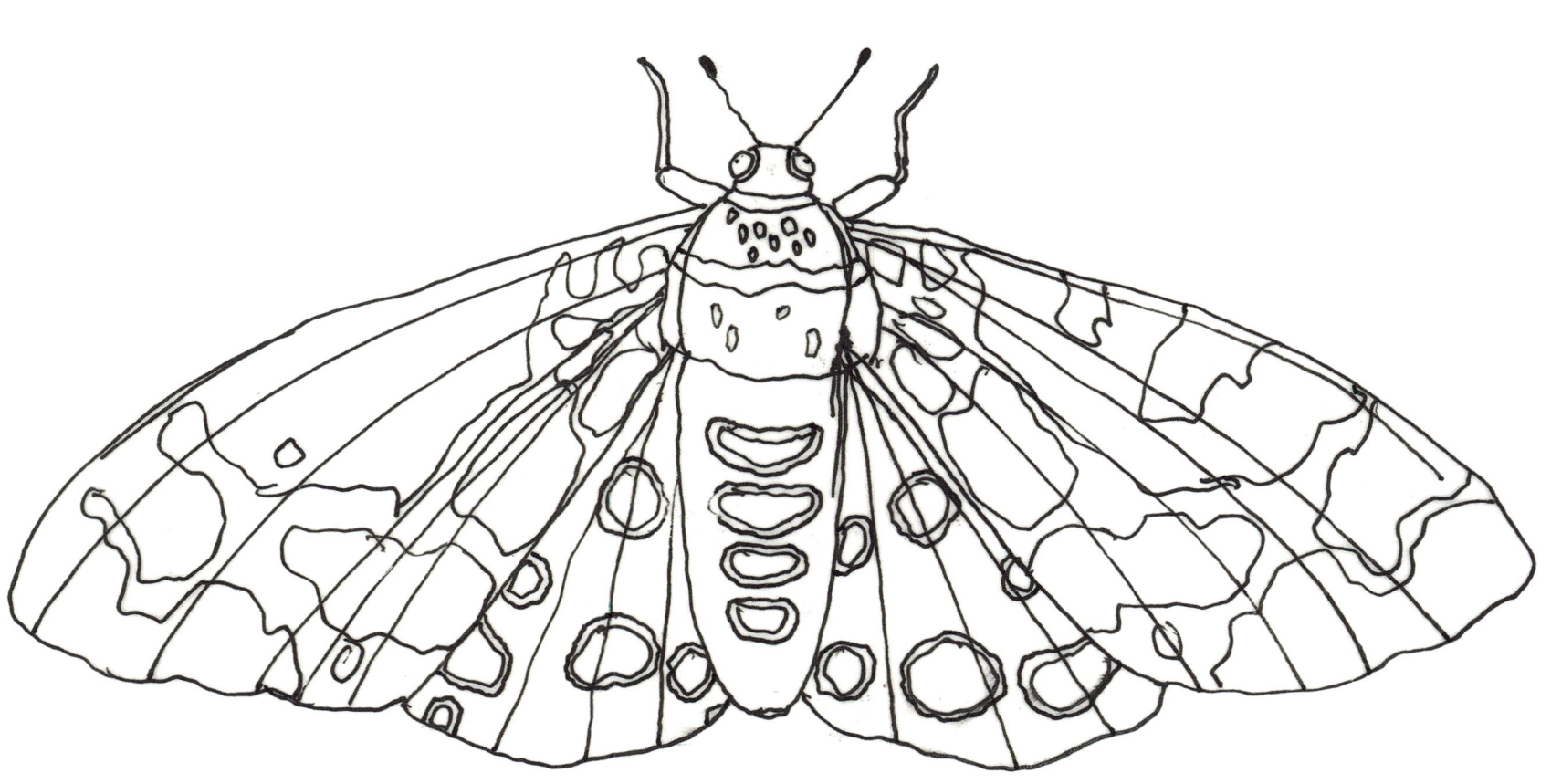

nachtfalter

Glücklicher, unheimlicher,

unsichtbarer, seltsamer,

regenbogenfarbener, grauer Schmetterling!

Lass mich fliegen!

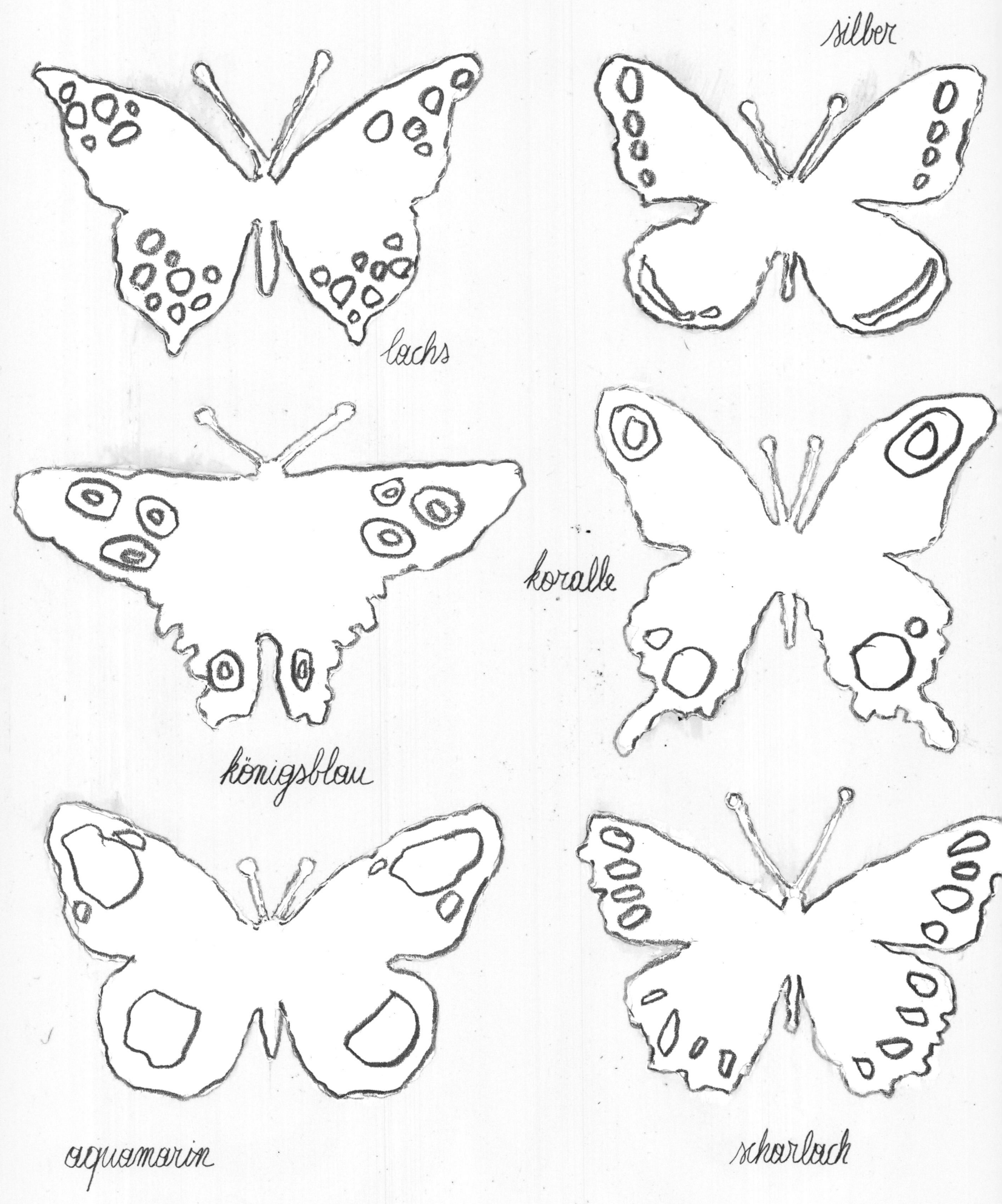

Zeichne mein Netz.

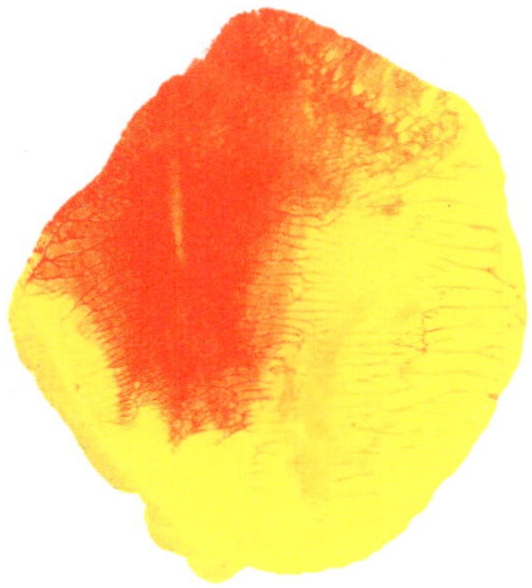

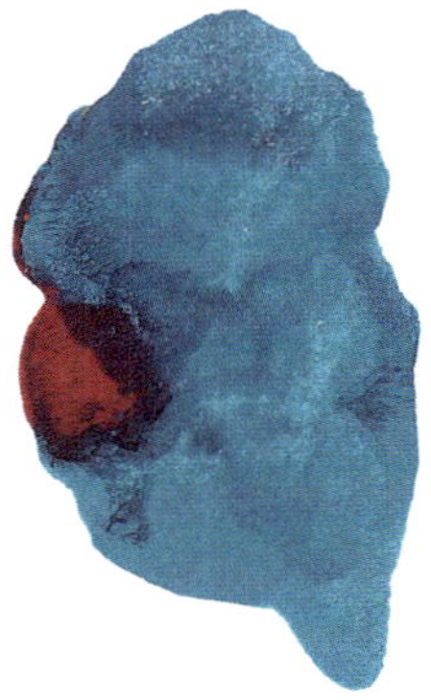

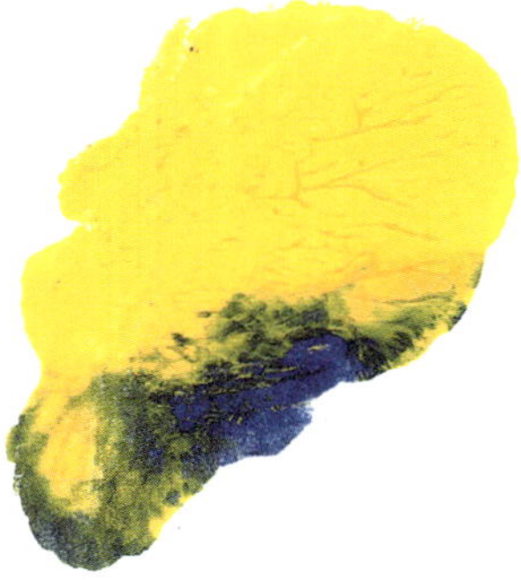

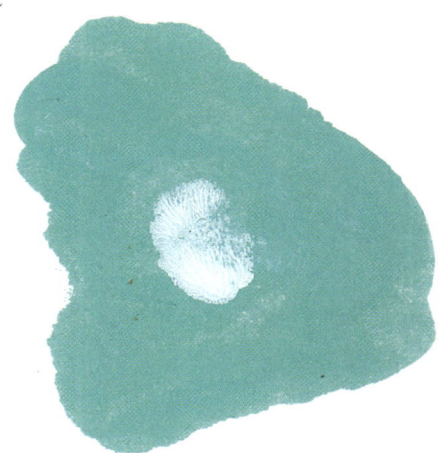
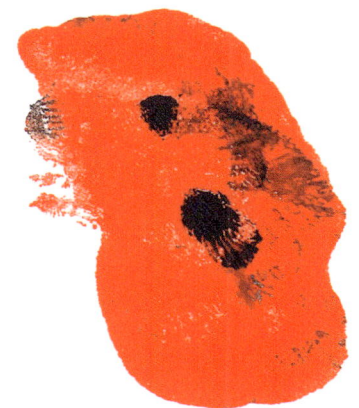
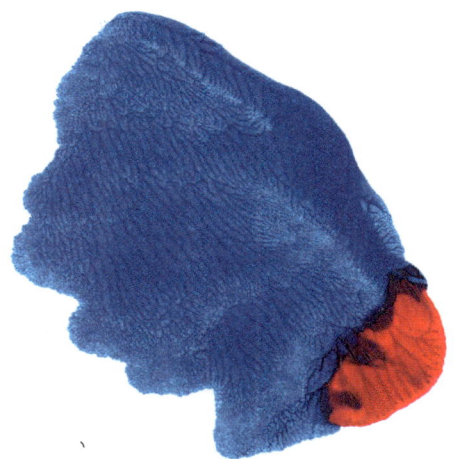

Filzstiftfalter

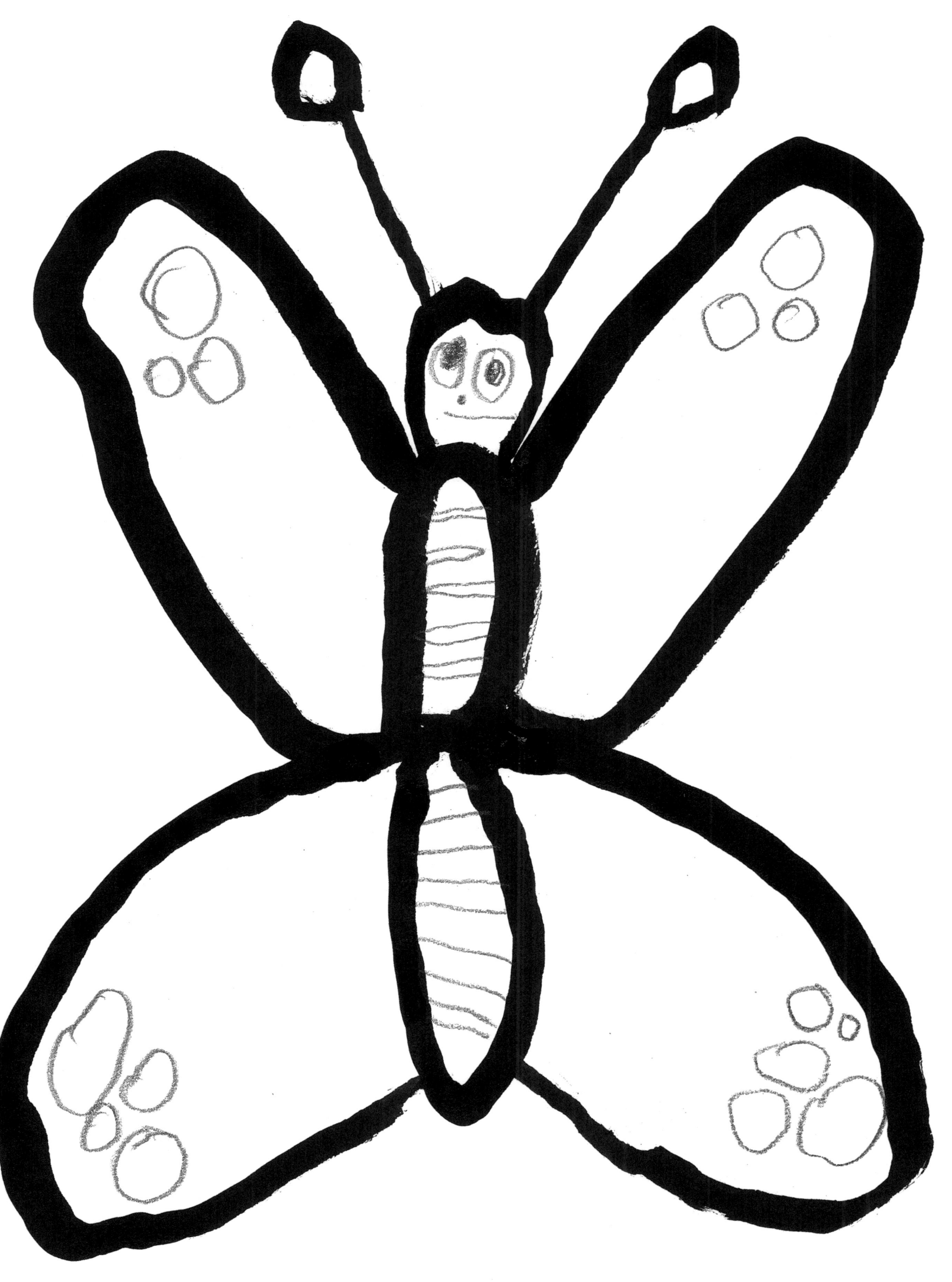

(noch mehr Filzstiftfalter)

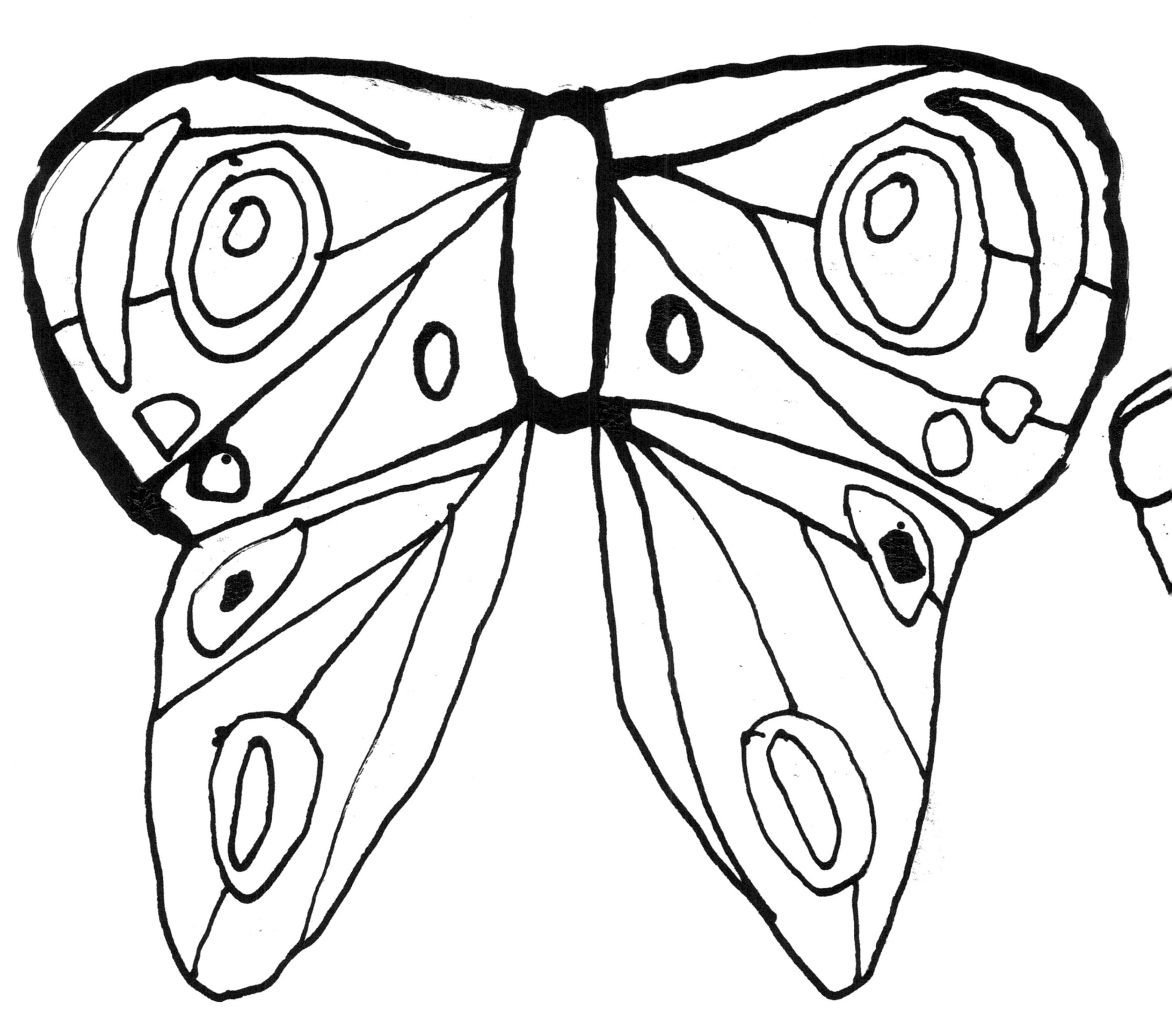

fröhlich

wütend

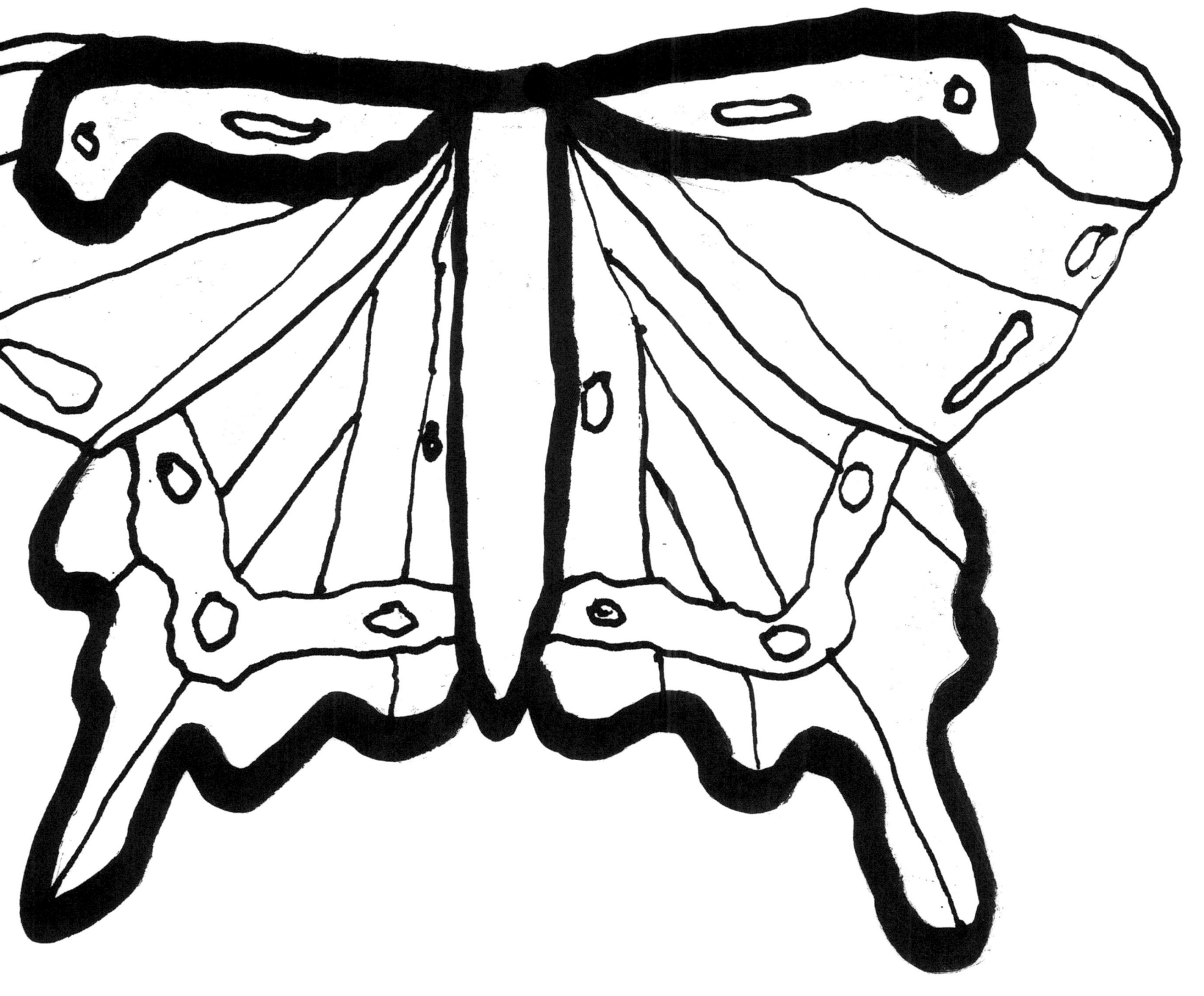

Sonnenröschen-Würfel-Dickkopffalter (Pyrgus alveus)

Faulbaum-Bläuling (Celastrina argiolus)

Wer bin ich?

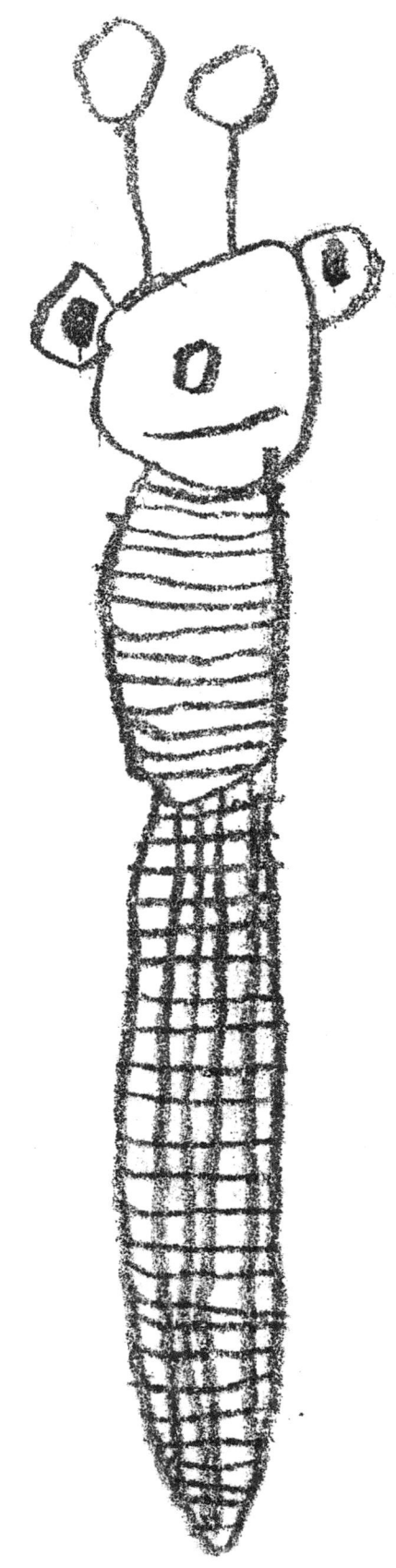

6.

6. 6.

6.

6.

6.

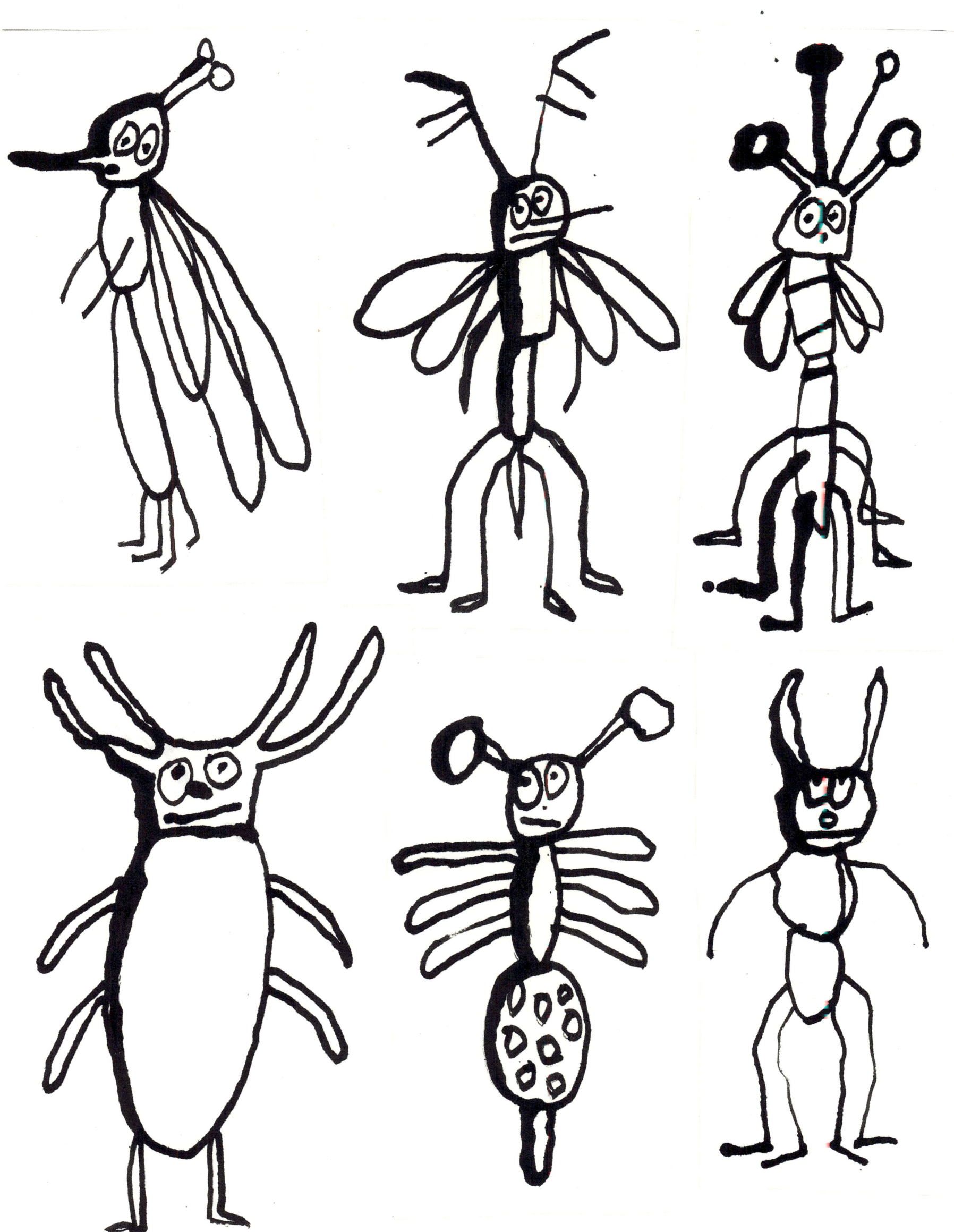

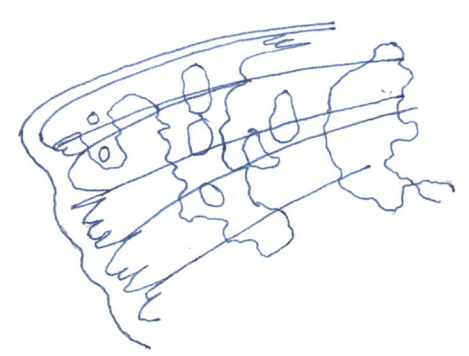
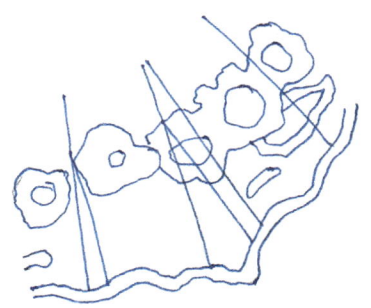

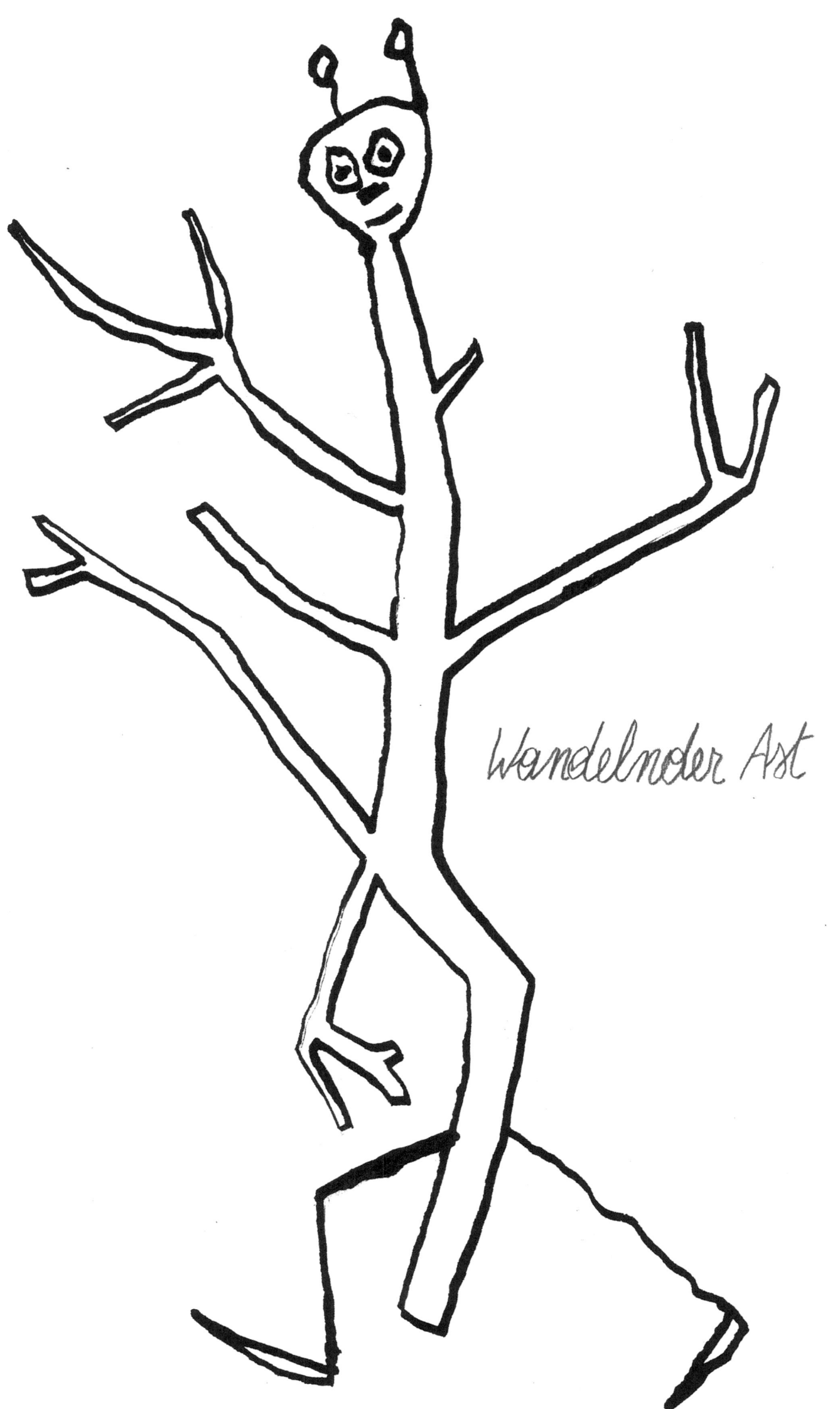

Wandelnder Ast

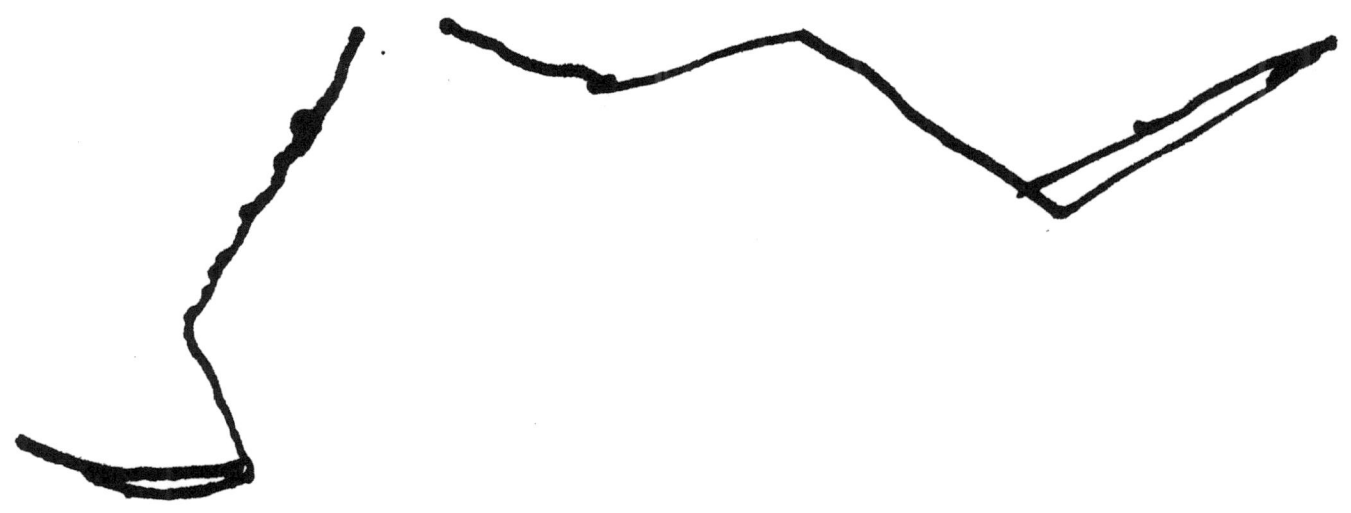

Wandelndes Blatt

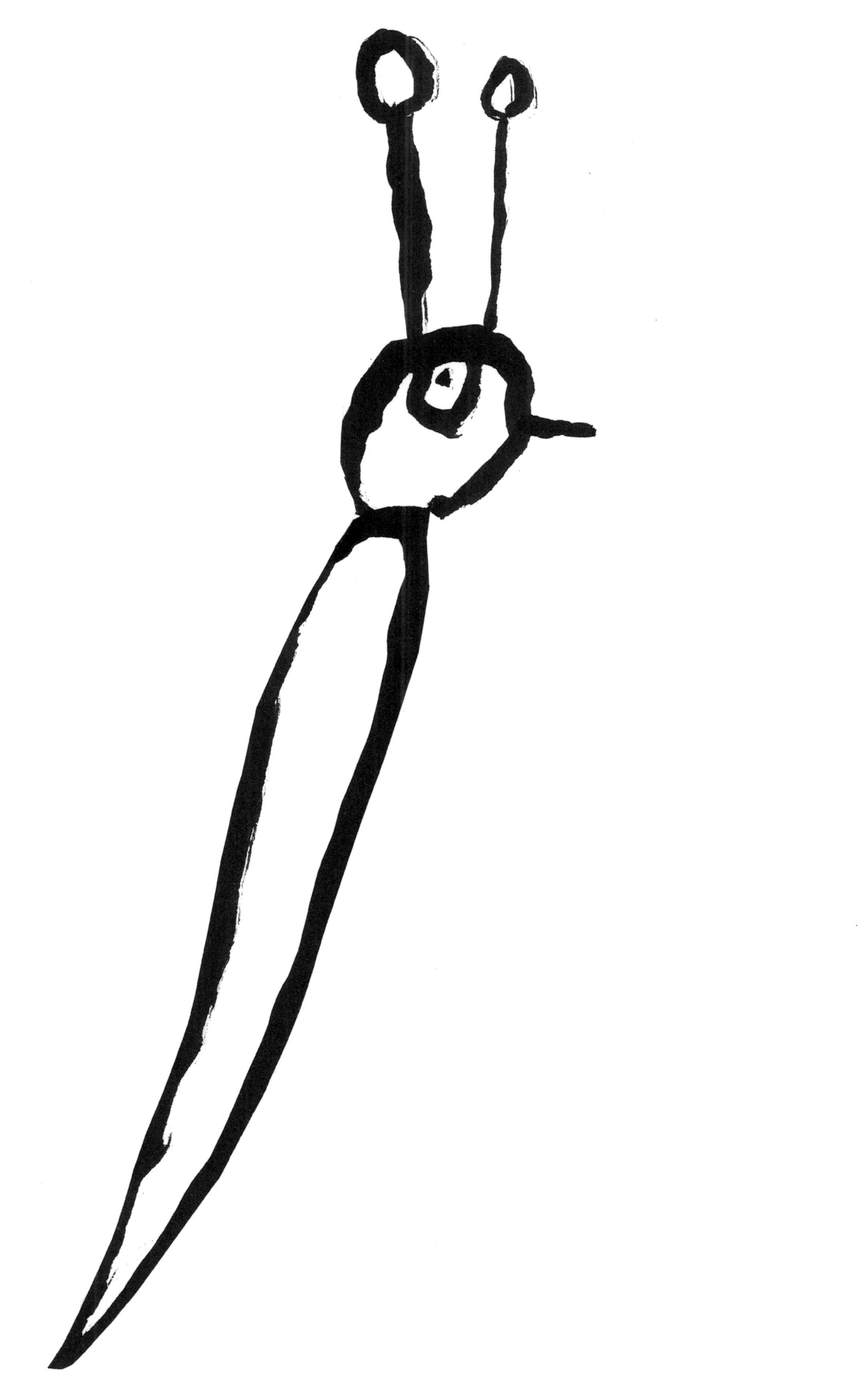

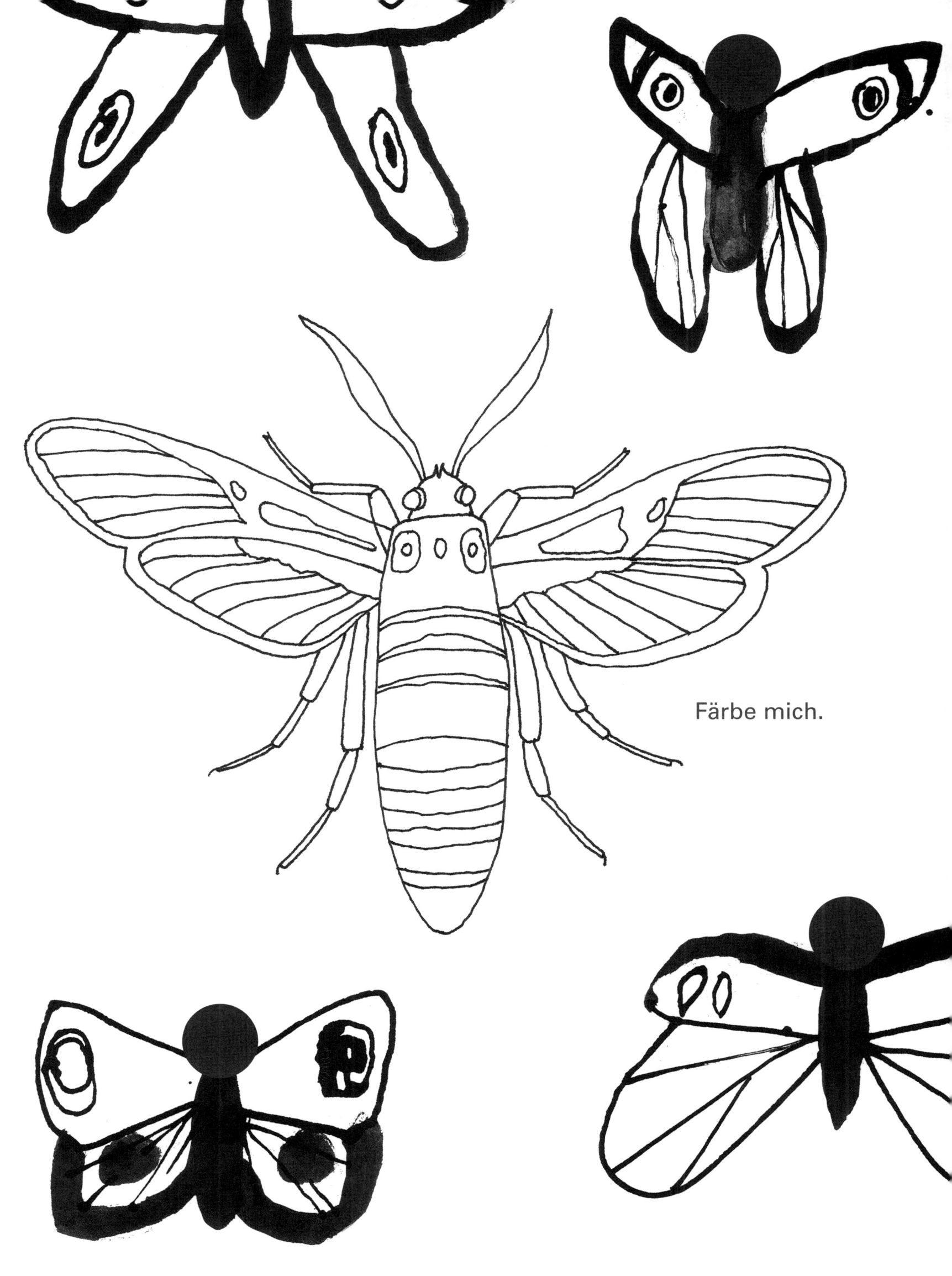

Färbe mich.

Gib mir meine Farben zurück!

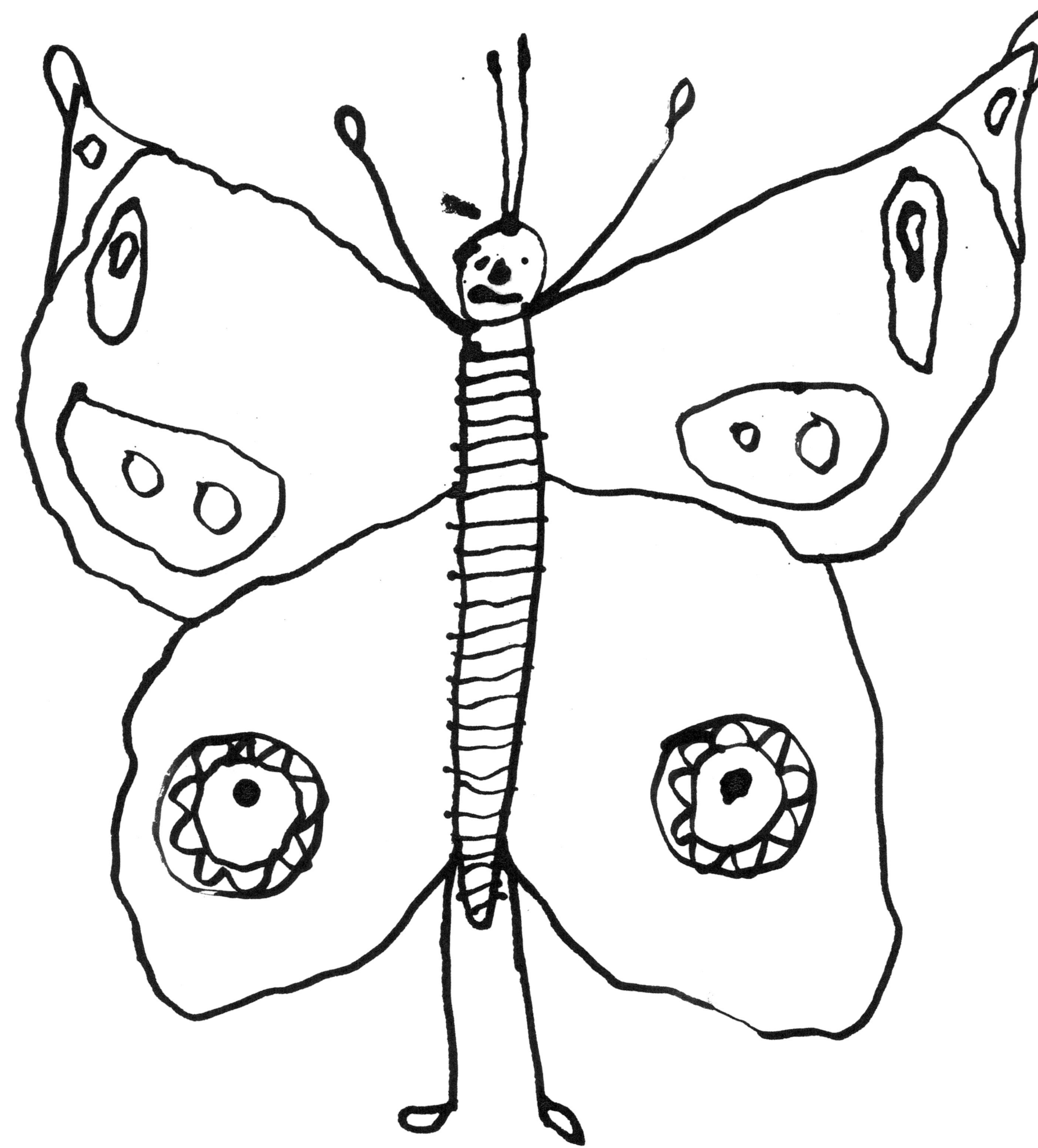

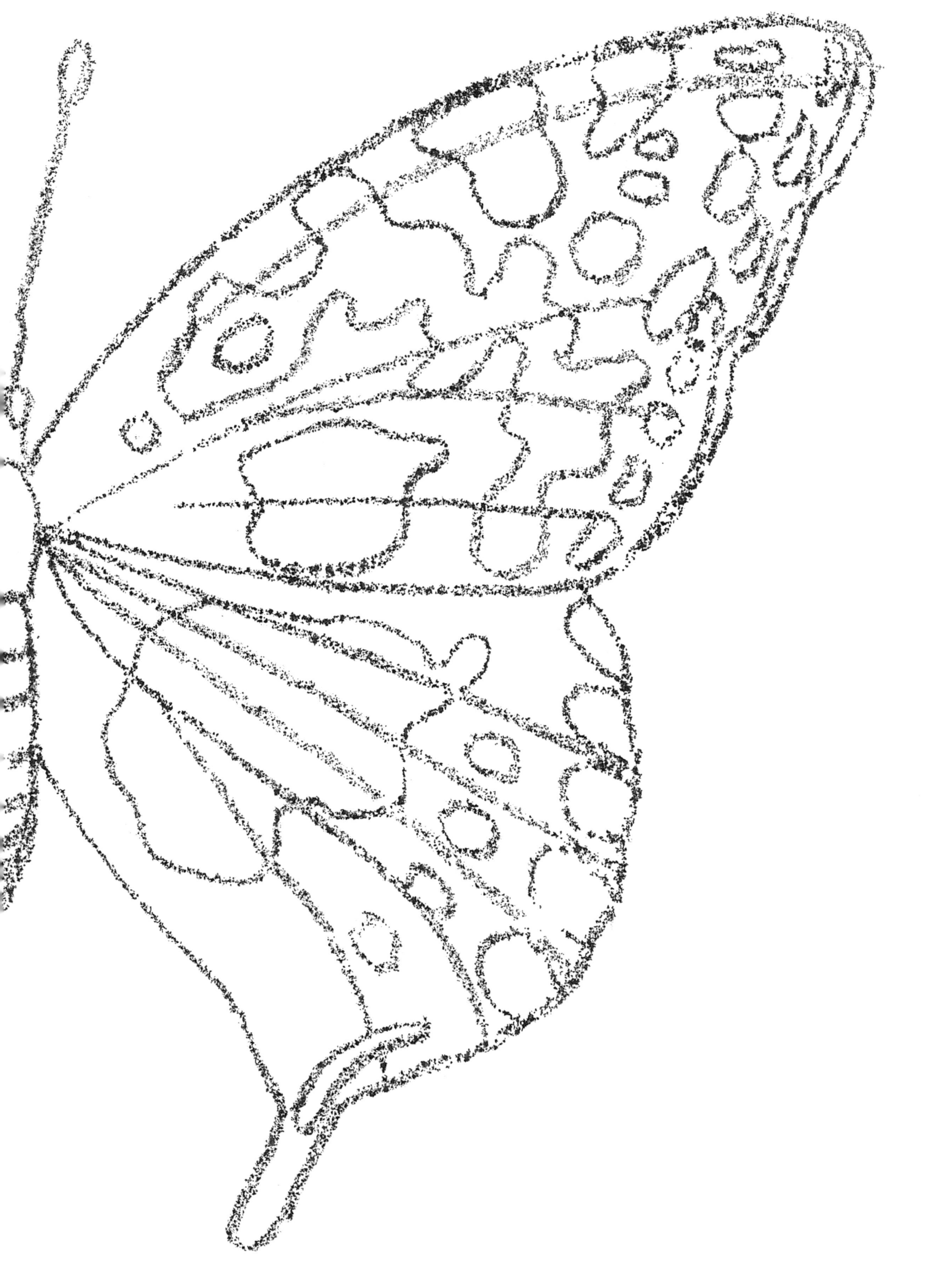

Fingerfalter

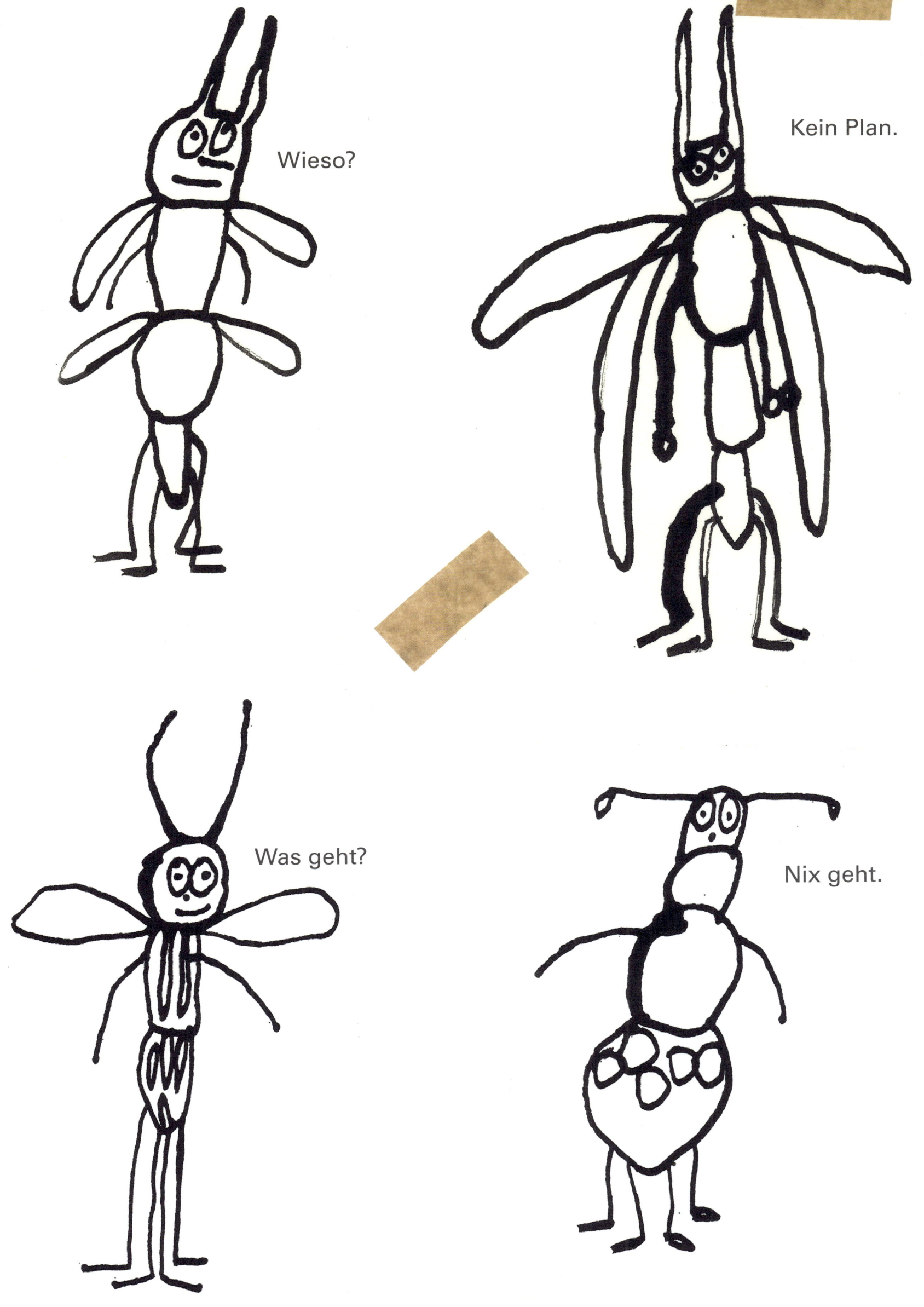

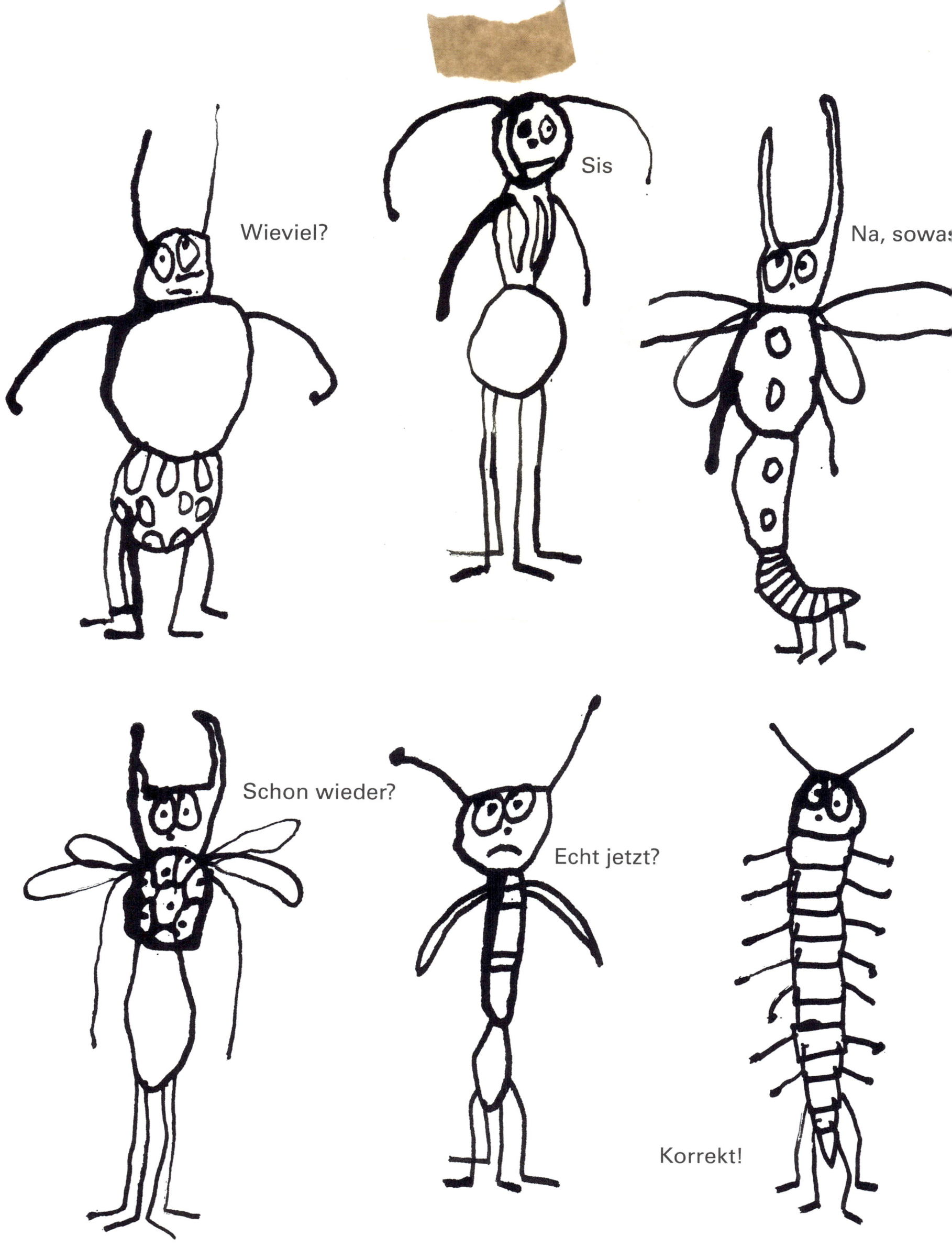

Weitere Malbücher von Carll Cneut:

ISBN 978-3-95939-021-7

ISBN 978-3-95939-073-6

FLATTERLINGE
1. Auflage 2024
ISBN 978-3-95939-228-0

Bohem Press GmbH
Hafenweg 30, 48155 Münster
www.bohem-verlag.de

ILLUSTRATION, TEXT & LAYOUT
Carll Cneut

DIE ORIGINALAUSGABE
„Vlinders"
erschien © 2022 bei
Uitgeverij De Eenhoorn bvba,
Begoniastraat 2a, B-9810 Eke
www.eenhoorn.be

Die deutsche Ausgabe wurde vermittelt durch die
Booketlist Agency (Sarah Claeys) · booketlistagency.com

DRUCK
Gedruckt auf FSC-Papier in der Slowakischen Republik

Alle Rechte vorbehalten, auch auszugsweise

Leg los!